QUELQUES TEXTES CHINOIS

CONCERNANT

L'INDOCHINE HINDOUISÉE

PAR

Paul PELLIOT,
Membre de l'Institut.

[Extrait des *Etudes Asiatiques, publiées à l'occasion du 25e anniversaire
de l'Ecole Française d'Extrême-Orient.*]

QUELQUES TEXTES CHINOIS

CONCERNANT

L'INDOCHINE HINDOUISÉE

PAR

Paul PELLIOT,

Membre de l'Institut.

QUELQUES TEXTES CHINOIS

CONCERNANT

L'INDOCHINE HINDOUISÉE,

PAR

PAUL PELLIOT,

MEMBRE DE L'INSTITUT.

La dernière étude de géographie historique indochinoise que j'aie donnée au *B.E-F.E.-O.* remonte déjà à près de vingt ans. Depuis lors, le progrès des connaissances archéologiques, les articles sobres et riches de M. Cœdès, les enquêtes si consciencieuses de M. Ferrand ont apporté sur bien des points des solutions nouvelles dont certaines s'imposent. Je souhaiterais d'autant plus procéder à une mise au point de mes travaux antérieurs que j'ai recueilli de mon côté, au hasard des lectures, bon nombre d'informations nouvelles. Je crois en particulier qu'il y aura lieu de publier tous les fragments des relations laissées par la mission de K'ang T'ai et Tchou Ying qui visita le Fou-nan (en gros Cochinchine et Cambodge) dans la première moitié du IIIe siècle. Mais ce travail dépasserait de beaucoup les limites que le plan du présent volume assigne à ma contribution, et je me bornerai aujourd'hui à faire connaître quelques textes assez brefs qui ne sont pas sans intérêt pour l'histoire de l'Indochine hindouisée.

16.

I

On sait que la tradition recueillie sur place par K'ang T'ai et Tchou Ying vers 245-250 attribue l'hindouisation du Fou-nan à un nommé Kauṇḍinya qui, au moyen d'un arc magique, triomphe de la reine indigène Lieou-ye («Feuille-de-saule»). Mais les textes cités jusqu'ici et qui nous font connaître cette tradition sont des histoires du vi^e et du viie siècle, qui n'indiquent pas leur source ni ne la reproduisent littéralement. Il est donc intéressant de donner le texte même de K'ang T'ai, tel qu'il est cité en 983 au chapitre 347, fol. 14 v°, du *T'ai p'ing yu lan*[1]. À vrai dire, l'ouvrage original de K'ang T'ai était alors perdu depuis longtemps, mais le *T'ai p'ing yu lan* emprunte le passage à quelque compilation antérieure que nous n'avons plus, vraisemblablement au 修文殿御覽 *Sieou wen tien yu lan* de 572. Le *Sieou wen tien yu lan* et le *T'ai p'ing yu lan* ont pu d'ailleurs abréger le texte original, ce qui laisse leur importance aux histoires des vi^e et viie siècles qui ont été invoquées déjà pour les mêmes faits; du moins le texte du *T'ai p'ing yu lan* représente-t-il, par rapport à ces histoires, une tradition indépendante[2]. Voici le texte :

吳時外國傳曰。扶南之先女人爲主名柳葉。有摸趺國人字
混慎好事神一心不懈。神惑至意。夜夢人賜神弓一張。敎
載賈人舶入海。混慎晨入廟於神樹下得弓。便載大舡入海。
神迴風令至扶南。柳葉欲刼取之。混慎舉神弓而射焉。貫
舡通渡。柳葉懼伏。混慎因王扶南。

[1] Je cite l'édition photolithographique publiée en 1894 par le 積山書局 Tsi-chan-chou-kiu de Changhai, et ai vérifié les textes sur l'édition de 鮑 Pao (1818), que l'édition de 1894 n'a fait que copier. Je regrette de n'avoir pu consulter l'édition japonaise de 1855, dont il n'y a pas d'exemplaire à Paris.

[2] Sous les Song, 洪邁 Hong Mai (1123-1202) admettait que les 1690 œuvres citées dans le *T'ai p'ing yu lan* existaient encore en 983, mais que les sept ou huit dixièmes s'en étaient perdus entre 983 et le moment où lui-même vivait, c'est-à-dire au cours d'un siècle et demi (cf. ses 容齋題跋 *Jong tchai*

Le *Wou che wai kouo tchouan*[1] dit : «Au début le Fou-nan avait pour souverain une femme appelée Lieou-ye[2]. Il y eut un homme du pays de Mofou[3] appelé Houen-chen[4], qui aimait à rendre un culte à un génie[5], sans

t'i pa, éd. du *Tsin tai pi chou*, I. 1). En 1812. dans sa préface à la réédition de Pao, Jouan Yuan exprime encore la même opinion. Elle est insoutenable. Des érudits plus avisés ont depuis longtemps pensé que, pour l'époque ancienne, la plupart des citations du *T'ai p'ing yu lan* étaient de seconde main. La preuve en est faite aujourd'hui. Parmi les manuscrits que j'ai rapportés de Touenhouang se trouve un fragment que M. Lo Tchen-yu, en l'éditant dans le 鳴沙石室遺書 *Ming cha che che yi chou*, a montré appartenir à une encyclopédie compilée en 572 et aujourd'hui perdue. le 修文殿御覽 *Sieou wen tien yu lan*. En comparant ce fragment au chapitre 916 du *T'ai p'ing yu lan*, on voit que ce dernier lui a emprunté la majeure partie de ses textes anciens, mais non sans beaucoup d'altérations. Les autres sources du *T'ai p'ing yu lan*, pour l'époque ancienne, sont des encyclopédies des T'ang dont la plupart subsistent, en particulier le *Yi wen lei tsiu*.

(1) Ce titre désigne la relation de K'ang T'ai. sur laquelle cf. *B.E.F.E.-O.*, III, 275. 280 (où c'est elle qui est appelée *Wai kouo tchouan*); IV, 270; *T'oung Pao*, 1923, 121-122.

(2) Lieou-ye (*Liəu-jäp) ne paraît pas être une transcription, et j'ai déjà indiqué son sens de «Feuille de saule». Ce nom m'a toujours paru un peu surprenant pour le Cambodge. J'ai songé depuis longtemps à la possibilité d'une altéraration graphique issue de 椰葉 Ye-ye, «Feuille de cocotier»; mais on voit que la tradition transmise par le *T'ai p'ing yu lan* est d'accord avec celle des histoires dynastiques, et donne. elle aussi, Lieou-ye. Si une altération s'est produite dans le texte de K'ang T'ai. il faudrait en dernière analyse qu'elle remontât au IVe ou au Ve siècle. Comme exemple certain d'une altération de 柳 *lieou* en 椰 *ye*, je puis citer un passage du 珍珠船 *Tchen tchou tch'ouan* de Tch'en Ki-jou des Ming, où l'édition du *Pao yen t'ang pi ki* (1. 20 v°) parle d'un vin fait en Malaisie avec des fleurs de «saule» (訶陵國以柳花爲酒); or il s'agit sûrement du vin de «coco» (椰子花酒). mentionné dès les T'ang. Si la vraie forme était Ye-ye, on pourrait supposer l'existence ancienne, au Fou-nan, d'un «clan du cocotier» analogue à celui que nous connaissons dans l'ancien Champa (cf. HUBER, *B.E.F.E.-O.*, V, 170-175; DURAND, *ibid.*, V, 368; MASPERO, *Le royaume de Champa*, 21-22).

(3) Je reviendrai sur ce nom plus loin.

(4) Le 慎 *chen* (*źiĕn) de Houen-chen répond au 填 *t'ien* (*d'ien) ou 滇 *tien* (*d'ien et *tien) des autres sources: les trois formes remontent à une même leçon primitive employée par K'ang T'ai, et qui est assez vraisemblablement 填 *t'ien*; en tout cas il paraît certain aujourd'hui que le nom chinois est une transcription de Kauṇḍinya.

(5) Le chinois ne distingue pas entre le singulier et le pluriel, et l'expression 事神 *che-chen* «servir les génies», s'applique souvent, comme je l'ai dit

que son ardeur se relâchât jamais. Le génie fut touché de son extrême piété[1]. La nuit, [Houen-chen] rêva qu'un homme[2] lui donnait un arc divin et lui ordonnait de monter sur une grande jonque marchande et de prendre la mer. Au matin, Houen-chen pénétra dans le temple et au pied de l'arbre du génie[3] il trouva un arc. Il monta alors sur un grand navire et prit la mer. Le génie fit tourner le vent de façon que [le navire] arrivât au Fou-nan. Licou-ye désira piller [le navire] et s'en emparer. Houen-chen leva l'arc divin et tira. [La flèche] traversa la barque [de Lieou-ye] de part en part. Licou-ye, effrayée, se soumit, et ainsi Houen-chen devint roi du Fou-nan. »

En dehors du détail nouveau que le dieu dirigea lui-même les vents pour conduire Kauṇḍinya au Fou-nan, l'intérêt principal de notre texte réside dans le nom du pays d'origine de Kauṇḍinya. Le *Tsin chou* qualifiait seulement Kauṇḍinya d'«étranger»; le *Nan ts'i chou* le disait originaire du pays de 激 Ki; le *Leang chou*, du pays de 徼 Kiao, qui serait au Sud du Fou-nan. Il est clair que l'une des formes, Ki ou Kiao, est altérée de l'autre, mais on ne connaît nulle part soit un pays de Ki, soit un pays de Kiao. En outre, K'ang T'ai notait dans sa *Relation* que le pays où Kauṇḍi-nya s'était autrefois embarqué quand il partit pour le Fou-nan

(*B.E.F.E.-O.*, III, 254), au culte brah-manique. Ici encore je crois bien qu'il s'agit d'un culte brahmanique, mais le contexte me paraît plutôt en faveur d'une traduction au singulier, qui serait à adopter alors aussi dans *B.E.F.E.-O.*, III, 254, 256, 265. Nous rendons géné-ralement *chen* par «génie», mais la tra-duction «dieu» serait souvent aussi bonne.

[1] Ce membre de phrase et le précé-dent, qui doivent bien remonter à K'ang T'ai, ont été omis dans les histoires dy-nastiques.

[2] Le mot 人 *jen* «homme» ne va pas; il est clair que c'est le génie qui doit apparaître en rêve comme donnant

l'arc, ainsi qu'il est dit dans les autres versions dérivées de ce même texte.

[3] Je crois bien qu'il y a lieu de tra-duire par «l'arbre du génie», et non par «un arbre saint» comme je l'avais fait pour un des textes parallèles dans *B.E.F. E.-O.*, III, 265. De même, dans *B.E.F. E.-O.*, III, 256, au lieu de «Houen-t'ien, au matin, se rendit au temple du génie, et, au pied d'un arbre, trouva l'arc», mieux vaudrait traduire «Houen-t'ien, au matin, se leva, et au pied de l'arbre du temple du génie, il trouva l'arc». L'arbre a donc dans le récit un caractère religieux et presque cultuel, comme si c'était à lui que Kauṇḍinya apportait journellement son offrande.

s'appelait maintenant (c'est-à-dire en 245-250) pays de 烏文 Wou-wen[1]: ce nom, qui suppose un prototype comme *Uman ou *Umun, reste lui aussi en l'air jusqu'à présent.

Le texte que je viens de traduire qualifie au contraire Kauṇḍi-nya d'«homme du pays de Mo-fou». Ce nom est lui aussi inconnu, et sans doute altéré. Du moins crois-je le trouver dans un autre fragment de la *Relation* de K'ang T'ai. Outre les passages de cette *Relation* que le *T'ai p'ing yu lan* cite sous le nom de *Wou che wai kouo tchouan* ou de *Wai kouo tchouan* tout court, il en est un autre groupe, emprunté sans doute à une autre encyclopédie, et que le *T'ai p'ing yu lan* cite sous le nom de 扶南土俗 *Fou nan t'ou sou* (= *Coutumes du Fou-nan*), par K'ang T'ai; la plupart de ces passages se suivent dans le chap. 787, fol. 13. L'un d'eux est ainsi conçu : «Le pays de 橫跌 Heng-tie est au Sud-Est du [pays de] 優鈸 Yeou-po. Tant pour les villes murées que pour la prospérité, il

[1] Cf. *B.E.F.E.-O.*, IV, p. 385-386. De toute façon, le texte de K'ang T'ai signifie bien que c'est au pays de Wou-wen que Kauṇḍinya s'embarqua sur l'ordre du dieu. Le texte dit que c'est là qu'il s'embarqua «primitivement» (初 tch'ou). Je m'étais demandé s'il y avait dans cet adverbe une allusion à un voyage en deux étapes, au cours duquel Kauṇḍinya aurait transbordé après avoir traversé l'isthme de Kra. Cette solution éventuelle me paraît à écarter. Le nouveau texte, en montrant le dieu qui dirige les vents pour conduire le navire au Fou-nan, suppose bien un voyage accompli en une seule fois. Le mot «pri-mitivement», s'il ne résulte pas des mo-difications que les coupures des encyclo-pédistes ont fait subir ici au texte original, doit porter sur le changement de nom d'un pays qui portait «primiti-vement», c'est-à-dire au temps de Kauṇ-dinya, un autre nom que celui de Wou-wen sous lequel on le connaissait lors du voyage de K'ang T'ai. J'ai déjà dit (*B.E.F.E.-O.*, IV, p. 386) qu'il n'y avait qu'à écarter l'identification de Wou-wen à Oman mise en avant par Terrien de Lacouperie. Je ne vois non plus rien à tirer du fait que *wou-wen*, en son sens littéral de «rayé noir», a été un des noms de l'ébène importé en Chine sur les grandes jonques «de Perse»; cf. B. Laufer, *Sino-Iranica*, p. 485 (en y ajoutant que la citation du *Kou lin tchou* se trouve également dans le *T'ai p'ing yu lan*, chap. 961, fol. 3 v°; je me sépare absolument de M. Laufer qui veut voir ici dans Po-sseu non la Perse, mais un Po-sseu de Malaisie; je m'en suis expliqué sommairement dans *T'oung Pao*, 1923, 196-197, et y reviendrai sans doute un jour prochain dans une note plus détaillée).

n'atteint pas au Yeou-po ». Et le Yeou-po vient lui-même de faire
l'objet d'une citation tirée de la même source : «Pour ce qui est
du royaume de Yeou-po, il est à environ 5,000 *li* au Sud-Est du
T'ien-tchou (Inde). Le pays est prospère: les villes murées, les
joyaux, les coutumes y sont les mêmes que dans le royaume de
T'ien-tchou (Inde) ».

Si je cite ces textes, c'est qu'il me paraît évident que 摸跌
Mo-fou et 橫跌 Heng-tie ne sont graphiquement que les variantes
d'un même nom. Mais quelle forme est altérée de l'autre ? Il est à
peu près sûr que nous avons affaire ici à des transcriptions. Les
vraisemblances me semblent donc être ici en faveur des caractères
qu'il est le moins surprenant de voir employer en transcription,
et j'inclinerais par suite en faveur d'une lecture 摸跌 *Mo-tie*
(*Mâk-d'iet*). Quand à Yeou-po, la prononciation ancienne en est
Jəu-b'uāt. Une partie de la nomenclature de K'ang T'ai paraît
remonter à des formes hindouisées. Ce qu'il dit de la prévalence
des coutumes hindoues à Yeou-po et, indirectement, à Heng-tie
(Mo-tie?) nous invite à chercher aussi de ce côté. Mais les resti-
tutions partielles auxquelles on pourrait songer, *Mahädel° (ou *Ma-
hädet°) et *Upal° (ou *Upat°) ne se laissent jusqu'ici ni compléter,
ni ramener à rien de connu. L'embarras est d'autant plus grand
que nous ne savons pas trop de quel côté chercher. Sumatra et
Java paraissent hors de cause : les notices du Heng-tie (Mo-tie?)
et du Yeou-po semblent en effet distinctes du groupe de celles qui
concernent le 諸薄 Tchou-po, qui doit bien être Sumatra-Java. Si
le T'ien-tchou désigne ici l'Inde entière, 5,000 *li* au Sud-Est du
T'ien-tchou devraient mener en Inde transgangétique pour le
Yeou-po; et le Heng-tie (Mo-tie?) d'où est parti Kaundinya, situé
lui-même au Sud-Est du Yeou-po, serait à chercher sur la côte
orientale de la péninsule malaise; là aussi par suite se serait trouvé
le pays de Wou-wen au milieu du IIIe siècle. Mais tant qu'on n'aura
pas entrepris un examen détaillé de tous les fragments de K'ang
T'ai et des autres textes qui les peuvent éclairer, je me garderai

d'affirmer qu'une localisation sur la côte orientale de l'Inde soit décidément exclue.

En dépit de l'incertitude qui subsiste sur la forme véritable des noms et sur leur identification géographique, les textes concernant Kauṇḍinya me paraissent avoir un réel intérêt. M. Finot a montré que l'histoire de Kauṇḍinya et de la reine Licou-ye offrait un caractère légendaire très marqué [1]. Il n'en reste pas moins qu'au iii° siècle de notre ère on avait une tradition précise sur le pays d'où Kauṇḍinya était originaire. Et je ne vois pas de raison pour écarter cette tradition. Que l'histoire de l'arc magique soit un trait de folklore, rien de mieux. Il y eut cependant un moment où les premiers brahmanes parurent au Fou-nan, et où la civilisation hindoue s'y implanta. Pourquoi serait-il invraisemblable qu'un Kauṇḍinya eût été réellement l'un des agents principaux de cette hindouisation? Cela étant, j'estime très naturel qu'on ait su encore, après deux ou trois siècles, le nom du pays d'où Kauṇḍinya lui-même, et sans doute d'autres venus avec lui ou après lui, étaient partis en quête de royaumes nouveaux.

II

Dans *B.E.F.E-O.*, IV, p. 277-278, j'ai défendu contre une objection de Chavannes l'attribution au iii° siècle des premiers renseignements concernant le pays de 歌營 Ko-ying ou 加營 Kia-ying. Or le *T'ai p'ing yu lan* contient (chap. 359, fol. 15 r°) une citation sur le Kia-ying qui est expressément tirée du *Wou che wai kouo tchouan* de K'ang T'ai; il est donc désormais hors de doute que le pays fut connu dès le iii° siècle. Voici le texte :

加營國王好馬。月支賈人常以舶載馬到加營國。國王悉爲售之。若於路失驫駻但將頭皮示王。王亦售其半價。

[1] *Sur quelques traditions indochinoises*, dans *Mélanges Sylvain Lévi*, Paris, 1911, in-8°, p. 193-212; l'article a été republié la même année, avec de légères modifications, dans le *Bull. de la comm. archéol. de l'Indochine.*

Le roi du royaume de Kia-ying aime les chevaux. Les marchands Yue-tche transportent constamment des chevaux sur de grandes jonques jusqu'au royaume de Kia-ying. Le roi les leur achète tous. Si pendant le voyage [un cheval] échappe au licol et aux entraves [1], on se borne à prendre la peau de sa tête qu'on montre au roi; le roi donne encore la moitié du prix [de l'animal vivant].

Les Yue-tche sont les Indoscythes. Nous savions déjà que K'ang T'ai avait rencontré au Fou-nan un envoyé du roi de l'Inde qui amenait au roi du Fou-nan quatre chevaux du pays des Indoscythes [2]. Dans la théorie des «quatre fils du Ciel», dont le premier écho fut recueilli au Fou-nan par K'ang T'ai lui-même, le souverain indoscythe était d'ailleurs le roi des chevaux [3]. Mais un nouveau témoignage du commerce maritime qui reliait ainsi l'extrême Nord-Ouest de l'Inde à la péninsule transgangétique est naturellement le bienvenu. Il est évident en effet que le pays de Ko-ying ou Kia-ying ne doit pas être cherché dans l'Inde même; là on eût amené les chevaux indoscythes par terre.

L'emploi des grandes jonques (po), que l'embarquement se soit fait aux bouches de l'Indus ou sur les côtes du Bengale, suppose un point d'arrivée à l'Est de l'océan Indien. Le rapprochement de divers textes, qu'il serait trop long de discuter ici, me paraît conduire à situer le Ko-ying ou Kia-ying dans la partie méridionale de la péninsule malaise. Quant au nom même, on est évidemment tenté d'y chercher ce nom protée de Kaliṅga que nous retrouvons sous les T'ang comme un autre nom du Chö-p'o (Sumatra-Java) [4]. J'ajouterai que le *Nan tcheou yi wou tche* mettant 斯調 Sseu-t'iao à 3,000 *li* au Sud-Est du Ko-ying, je crois bien qu'il faut renoncer à voir dans le Sseu-t'iao Ceylan, et que, comme l'a

---

[1] Il ne peut s'agir d'un cheval qui s'échappe puisqu'on présente ensuite la peau de sa tête au roi. J'admets donc qu'«échapper au licol et aux entraves» a ici le sens de «mourir»; mais je ne connais aucun exemple analogue.

[2] Cf. *B.É.F.E.-O.*, III, p. 271.

[3] Cf. *T'oung Pao*, 1923, p. 122.

[4] Sur le nom de Kaliṅga, cf. S. Lévi dans *J. A.*, 1923, I, p. 34-36.

proposé M. Ferrand, le Sseu-t'iao doit être cherché en Insulinde [1].

III

J'ai dit plus haut que la nomenclature recueillie au Fou-nan par
K'ang T'ai me semblait plus ou moins hindouisée. C'est à ce titre
que j'ai proposé une restitution sanscrite pour Ko-ying et que je
considère le *t'iao* de Sseu-t'iao ou de Nou-t'iao comme transcrivant
une forme pràcrite de *dvīpa*. Mais il est un autre nom de même
formation que j'ai déjà cité autrefois d'après le *Chouei king tchou*, à
savoir l'île (洲 *tcheou*) 迦那調 Kia-na-t'iao [2]. Ici encore *t'iao* doit
représenter *dvīpa*, dont *tcheou* est la traduction usuelle; la forme
chinoise constitue donc un pléonasme. Mais ce nom se retrouve,
sans le pléonasme, dans un texte qui est bien, lui, d'origine in-
dienne. La traduction chinoise du *Saddharmasmṛtyupasthāna* (Nanjiō,
n° 679), achevée en 539, contient à la fin du chap. 70 une liste
partielle des «500 petits *dvīpa*» qui entourent le Jambudvīpa [3].
La liste commence par le «*dvīpa* de la Terre de l'or» (金地洲 Kin-
ti-tcheou), ce qui semble confirmer que la Suvarṇabhūmi n'était
pas considérée comme située sur le continent. Ceylan apparaît sous
le nom de «*dvīpa* de Laṅkā». Et entre toutes ces îles figure aussi

[1] Cf. *B.É.F.E.-O.*, IV, p. 357:
T'oung Pao, 1912, p. 463; Laufer,
dans *T'oung Pao*, 1915, p. 351, 373;
1916, p. 390; Ferrand, dans *J. A.*,
nov.-déc. 1916, p. 521-532 (mais en
supprimant ce qui est dit de la possibilité de 便 *pien* = *varman* dans le *Heou
han chou*; la phonétique s'y oppose absolument). Je tiens toujours 調 *tiao* ou
t'iao pour une transcription d'une forme
pràcrite (**dīva*) de *dvīpa*, mais je ne vois
pas comment rendre compte, soit graphiquement, soit phonétiquement, de la

forme 斯調 Sseu-t'iao que MM. Laufer
et Ferrand considèrent comme une leçon
fautive pour le 葉調 Ye-t'iao du *Heou
han chou*. Quant à la forme 奴調 Nou-
t'iao, peut-être représente-t-elle primiti-
vement un nom différent (d'un type *No-
dīva = *Navadvīpa?).

[2] Cf. *B.É.F.E.-O.*, IV, p. 268.

[3] C'est la fin de la section cosmogo-
nique de l'ouvrage. M. S. Lévi en a étu-
dié le début (chap. 67) dans son travail
Pour l'histoire du Rāmāyaṇa (*J. A.*,
1917, I, p. 5-162).

l'île (*tcheou, dvīpa*) de 迦 那 Kia-na. Je ne doute pas que ce *Kana-dvīpa ne soit celui-là même que nous font connaître les textes cités par le *Chouei king tchou*. En outre, j'ai trouvé sur ce pays une citation nouvelle, tirée du *Wou che wai kouo tchouan*, c'est-à-dire de l'ouvrage de K'ang T'ai [1] :

從 加 那 調 州 乘 大 舶 船 張 七 帆 時 風 一 月 餘 日 乃 入 大 秦 國 也。

De l'île [2] de Kia-na-t'iao (*Kanadvīpa), en montant sur une grande jonque marchande et en hissant sept voiles, par mousson favorable, en un mois et quelques jours on arrive au [territoire du] royaume de Ta-ts'in.

Il est difficile de discuter une identification d'après une mention isolée, et dont la tradition peut être plus ou moins altérée. Mais d'autres textes prouvent que la mission de K'ang T'ai s'était renseignée au Fou-nan sur toute l'Asie méridionale et occidentale. Ce n'est donc pas une surprise de la voir indiquer des délais de route jusqu'au Ta-ts'in, c'est-à-dire jusqu'à l'Orient méditerranéen. Reste la brièveté du délai, qui ne s'accorderait pas avec une localisation du *Kanadvīpa à l'Est de l'Inde; mais c'est là une question qui ne peut être reprise que dans une étude d'ensemble.

IV

Sur la navigation au long cours dont parlent les textes précédents, je donnerai tout à l'heure quelques indications qui ne concernent pas le seul Fou-nan. Mais nous possédons un fragment du *Wou che wai kouo tchouan* où K'ang T'ai décrit les bateaux indigènes de ce pays [3]. Le voici :

扶 南 國 伐 木 爲 船。長 者 十 二 尋。廣 六 尺。頭 尾 似 魚。皆 以 鐵 鑷 露 裝。大 者 載 百 人。人 有 長 短 橈 及 篙 [音 高] 各 一。從 頭 至

[1] *T'ai p'ing yu lan*, chap. 771, fol. 2 r°.
[2] 州 *tcheou* est ici l'équivalent de 洲 *tcheou*.
[3] *T'ai p'ing yu lan*, chap. 769, f° 15 r° et v°.

尾 約 有 五 十 人。或 四 十 餘 人。隨 舶 大 小。行 則 用 長 橈。坐 則
用 短 橈。水 淺 乃 用 篙。皆 撐 上 應 聲 如 一。

Dans le royaume de Fou-nan on abat des arbres pour en faire des bateaux. Ceux qui sont longs ont douze brasses[1]; leur largeur est de six pieds. La proue et la poupe ressemblent à [la tête et à la queue d']un poisson; on les décore entièrement avec des ornements de fer (?)[2]. Les grands [bateaux] portent cent hommes. Chaque homme a un aviron long, un [aviron] court et une gaffe. De la proue à la poupe, il y a cinquante hommes, ou plus de quarante, suivant les dimensions du bateau[3]. En marche, ils se servent de l'aviron long. Au repos, ils se servent de l'aviron court[4]. Quand l'eau est peu profonde, ils se servent de la gaffe. Tous lèvent [leurs rames] et répondent de la voix en ensemble parfait[5].

C'est évidemment ce texte de K'ang T'ai qui est à la base du résumé du *Nan ts'i chou*, compilé au début du vi[e] siècle : «On fait des bateaux qui ont de huit à neuf *tchang* (= 80 à 90 pieds). On les taille en largeur à six ou sept pieds. L'avant et l'arrière sont comme la tête et la queue d'un poisson[6].» Sur les seules indications, si sommaires cependant, du *Nan ts'i chou*, M. G. Groslier a montré, dans ses très intéressantes *Recherches sur les Cambodgiens* (p. 109-114), qu'il s'agissait des barques de course faites d'un tronc d'arbre

---

[1] Je traduis par «brasses» le mot 尋 *sin*, qui est une mesure de longueur de huit pieds; douze «brasses» font donc 96 pieds. Le pied des Wou était peut-être encore de 0 m. 23 comme celui des Han; en tout cas, je ne pense pas qu'il ait déjà dépassé 0 m. 25 (cf. *T'oung Pao*, 1920-1921, p. 140-141). Les plus longues barques du Fou-nan — on va voir qu'il ne s'agit ici que des barques à rames — auraient donc eu de 22 à 24 mètres.

[2] Je ne suis pas sûr de la valeur à donner ici à 鑷 *nie*.

[3] Puisque les grands bateaux portent cent hommes qui semblent, par la phrase suivante, être tous des rameurs, les cinquante indiqués ici paraissent ne représenter que l'équipage d'un des bords. Mais cinquante rameurs par bord paraissent un chiffre bien élevé pour une barque ayant en tout 22 à 24 mètres de long.

[4] Pour maintenir le bateau en place malgré le vent et les courants.

[5] Mot à mot «comme un seul». Autrement dit, les mouvements des rameurs étaient réglés par un chant ou un cri rythmé.

[6] Cf. *B.É.F.E.-O.*, III, p. 261.

creusé, et dont la disposition et la décoration se sont maintenues à peu près identiques dans le Cambodge moderne. Nous voyons aujourd'hui qu'il en était déjà ainsi au Fou-nan avant le *Nan ts'i chou*, et au moins dès la première moitié du IIIe siècle.

V

Les barques dont il vient d'être question étaient exclusivement à rames, et M. Groslier a soutenu, non sans de bons arguments, que la batellerie khmère, essentiellement fluviale, ne connut pour ainsi dire pas le mât et la voile. On peut cependant se demander si la population des côtes, tant aux bouches du Mékong que sur le golfe de Siam, n'employait pas de bonne heure les barques à voile pour la pêche maritime et le cabotage. Avant de passer à quelques textes qui concernent la navigation au long cours sur de grandes jonques dont les équipages ne devaient pas être khmers, je voudrais citer un texte dont l'autorité n'est pas très grande, mais qui est ancien. Vers le milieu du ve siècle, un certain 劉敬叔 Lieou King-chou a écrit un recueil d'anecdotes et de mirabilia en dix chapitres, intitulé 異苑 *Yi yuan*, qui nous est parvenu intégralement et dans une tradition assez satisfaisante [1]. Lieou King-chou raconte de bonne foi et mérite un certain degré de créance, mais en ce qui concerne le Fou-nan, il ne parle que par ouï-dire. Le passage est ainsi conçu [2] :

扶南國治生皆用黃金。儵舡東西遠近僱一斤。時有不至所屈。欲減金數。舡主便作幻。誑使船底砥折。狀欲淪滯海中。進退不動。衆人遑怖還請賽。舡合如初。

[1] Cf. *Sseu k'ou ts'iuan chou tsong mou*, éd. de Canton en petit format, chap. 142, fol. 16-17.

[2] Le *Yi yuan* se trouve dans une demi-douzaine de *ts'ong-chou*; je suis ici l'édition du *Tsin tai pi chou*, chap. 9, fol. 6 v°; elle est conforme à la citation qu'on trouve de ce même passage dans le *T'ai p'ing yu lan*, chap. 769, fol. 15 v°, sauf trois variantes insignifiantes : le *T'ai p'ing yu lan* écrit 顧 *kou* au lieu de 僱 *kou*, 船主 *tch'ouan-tchou* au lieu de 舡主 *tch'ouan-tchou*, et ajoute 也 *ye* à la fin de la citation.

Au Fou-nan, on se sert toujours d'or dans les transactions[1]. Il y eut [des gens qui], ayant loué un bateau [pour aller] à l'Est ou à l'Ouest, près ou loin, et n'atteignant pas leur destination dans le temps fixé pour un prix d'une livre [d'or][2], désirèrent diminuer la quantité d'or [à payer]. Le patron du bateau leur joua alors un tour. Il fit [comme] une voie d'eau à la quille du bateau qui eut l'air de vouloir s'enfoncer dans les flots et resta immobile sans avancer ni reculer. Les gens furent épouvantés, et en vinrent à faire des offrandes (?). Le bateau redevint [alors] comme auparavant[3].

VI

Les grandes jonques allant sur mer à longue distance étaient généralement appelées 舶 *po*. Les descriptions les plus anciennes qui nous en soient parvenues sont sans doute celles du 南州異物志 *Nan tcheou yi wou tche*; j'ai tenté de montrer antérieurement que cet ouvrage était bien dû à 萬震 Wan Tchen, lequel vivait au iiie siècle[4]. C'est de ces *po* qu'il s'agit dans les deux textes du *Nan tcheou yi wou tche* que je vais traduire, encore que le mot n'y apparaisse pas[5].

外域人名船曰舡。大者長二十餘丈。高去水三二丈。望之如閣道。載六七百人。物出萬斛。

Les gens des pays étrangers appellent un navire *tch'ouan*[6]. Les grands ont

---

[1] Ceci frappe toujours les Chinois, dont les transactions sont à base d'argent.

[2] Traduction douteuse.

[3] Le sens des deux derniers membres de phrase n'est pas certain. Mais il paraît clair que le patron du bateau, en faisant semblant de le faire couler, veut amener les passagers à payer intégralement le prix convenu. J'ai traduit comme s'il s'agissait d'un fait qui s'était passé une fois, quoique rien dans le texte n'indique cette spécification. Bien qu'une telle traduction fût possible, je n'ai pas cru devoir ériger l'anecdote en une coutume usuelle du Fou-nan.

[4] Cf. *B.E.F.E.-O.*, III, p. 267; IV, p. 277-278; *T'oung Pao*, 1923, p. 123.

[5] Ces textes se trouvent dans le *T'ai p'ing yu lan*, chap. 769, fol. 15 v°, et chap. 771, fol. 2 r°.

[6] Il doit y avoir là une faute de texte, car *tch'ouan* est le nom chinois même employé par l'auteur et que j'ai traduit par «navire». Si l'auteur avait voulu dire que les étrangers donnent aux navires le même nom que les Chinois, il se serait

plus de vingt *tchang* [1] de long, et s'élèvent au-dessus de l'eau à deux ou trois *tchang* [2]. A les voir de loin, ils ont l'air de «chemins suspendus [3]». Ils portent 600 à 700 hommes, et transportent 10.000 *hou* de marchandises [4].

外徼人隨舟大小或四帆前後沓載之。有盧頭木葉如牖形
長丈餘。織以爲帆。其四帆不正前向。皆使邪移相聚以取
風吹。風後者激而相射。亦並得風力。若急則隨宜增減之。
邪張相取風氣而無高危之慮。故行不避迅風激波。所以能
疾。

Les gens d'au delà des barrières [5], suivant les dimensions des navires, leur mettent parfois quatre voiles [6] qu'ils disposent suivant certains modes [7] de

exprimé autrement. On songerait à corriger en *po*, mais il serait singulier que Wan Tchen donnât à ce mot, dont l'histoire n'est d'ailleurs pas faite (du moins par les Européens), une origine étrangère. A la rigueur, c'est le premier *tch'ouan* qu'on pourrait plutôt corriger en *po*, et on aurait alors : «Les étrangers donnent aux *po* le nom de *tch'ouan*.» Le mot *tch'ouan*, bien que purement chinois et signifiant «navire», aurait été choisi pour transcrire le mot javanais et malais qui doit être à la base de notre mot «jonque» (cf. Yule, *Hobson-Jobson*[2], p. 472; *T'oung Pao*, 1915, p. 87). Mais la solution reste très douteuse.

[1] Le *tchang* est de 10 pieds; pour un pied de 0 m. 23 à 0 m. 25, vingt *tchang* font donc de 46 à 50 mètres.

[2] C'est-à-dire 4 m. 60 à 5 mètres.

[3] L'expression 閣道 *ko-tao* désignait des chemins ou couloirs suspendus faits d'une armature en bois; il y a des incertitudes sur leur mode réel d'aménagement, mais ils devaient constituer des galeries couvertes (cf. Schlegel, *Uranogr. chinoise*, p. 286; Watters, *Essays on the Chinese Language*, p. 157; Chavannes, *Mém. hist.*, II, p. 138; *Ts'eu yuan*, s. v. *ko* et *ko-tao*). La masse de bois des longues jonques de mer faisait de loin l'effet d'un de ces passages.

[4] Le *hou* du IIIe siècle valait 100 *cheng*, et on peut admettre en gros l'équivalence d'un *cheng* à un litre. Une cargaison de 10,000 *hou* représenterait donc à peu près 1,000 tonnes métriques. C'est vraisemblablement de ce texte du *Nan tcheou yi wou tche* que s'inspire vers 650 le *Yi ts'ie king yin yi* de Hiuan-ying quand il dit des grandes jonques de mer (*Tripiṭ.* de Tôkyô, 爲, VI, 2 r°) que «les grandes ont vingt *tchang* de long et portent 600 à 700 hommes».

[5] Cette expression s'applique généralement aux étrangers qui sont au delà des frontières méridionales de la Chine.

[6] On a vu que K'ang T'ai parlait de sept voiles pour des navires allant jusqu'à la mer Rouge. Le détail des textes ne pourrait être discuté sans faire intervenir ce qu'on sait par les sources classiques, indiennes, musulmanes, et par les voyageurs modernes.

[7] Je rends par là le mot 沓 *t'a*, de sens un peu vague.

l'avant à l'arrière. Il y a l'arbre *lou-t'eou* [1] dont les feuilles ont la forme d'un
. . . . . [2] et sont longues de plus d'un *tchang*; on les tisse [3] pour en faire
les voiles. Les quatre voiles ne sont pas disposées régulièrement face à
l'avant [4], mais elles se succèdent obliquement pour recevoir le souffle du vent.
Le vent les gonfle par l'arrière et est rejeté de l'une à l'autre, et ainsi toutes
profitent de la force du vent. S'il est violent, on diminue ou augmente [la
voilure] suivant le cas. Par cette disposition oblique permettant de recevoir
d'une [voile] à l'autre le souffle du vent, on n'a pas le souci d'[une mâture
de] hauteur dangereuse. Aussi [ces navires] voyagent-ils sans éviter les vents
rapides et les vagues soulevées, et c'est pour cela qu'ils peuvent aller vite.

VII

Ces grandes jonques avaient été et étaient persanes, indiennes,
chinoises, mais, à l'époque des T'ang, leur équipage était surtout
malais [5]. C'est ce qui résulte d'une note du *Yi ts'ie king yin yi* de
Houei-lin concernant un passage du *vinaya* des Sarvāstivādin. L'ouvrage de Houei-lin a été achevé en 817. Le texte dit [6] :

破舶。下音白。司馬彪注莊子云。海中大船曰舶。廣雅舶海
舟也。入水六十尺。駈使運載千餘人除貨物。亦曰崑崙舶。
運動此船多骨論爲水匠。用椰子皮爲索連縛葛覽糖灌塞
令水不人［corr. 八］。不用釘鍱恐鐵熱火生。疊木枋而作之。
板薄恐破。長數里。前後三節。張帆使風。亦非人力能動也

---

[1] 盧頭木. Je ne retrouve pas ce nom ailleurs. On ne peut guère songer au 盧都子 *lou-tou-tseu*, qui est un *Elaeagnus* (cf. Laufer, *Sino-Iranica*, p. 197) et dont je ne pense pas qu'on puisse «tisser» les feuilles.

[2] Le mot 牖 ne se trouve pas dans les dictionnaires; 牖 *yeou*, auquel on songe naturellement, signifie «fenêtre», «ouverture de toit», et ne va pas ici; 牗 *pei*, 牅 *yong* ne donnent pas davantage de sens.

[3] Le texte a bien «tisser» et non «tresser».

[4] Autrement dit les quatre voiles qui se succèdent l'une derrière l'autre ne sont pas disposées perpendiculairement à l'axe du navire.

[5] J'emploie ici le terme au sens large d'habitants de l'Insulinde, non au point de vue de gens parlant la langue spéci-fiquement malaise.

[6] *Tripiṭ.* de Tōkyō, 爲, IX, fol. 155 rº.

P'o-po[1]. Le second mot se prononce *po*. Sseu-ma Piao, dans son commentaire de *Tchouang tseu*, dit : «Les grands navires de mer s'appellent *po*[2].» D'après le *Kouang ya*, «*po*, c'est un navire de mer»[3]. [Ces navires] entrent de 60 pieds dans l'eau[4]. On peut leur faire transporter plus de mille hommes,

[1] Ce sont là les mots du texte du *vinaya* qui font l'objet de la glose de Houei-lin.

[2] Sseu-ma Piao a vécu approximativement de 240 à 305 (cf. Giles, *Biogr. Dict.*, n° 1759). Son commentaire de *Tchouang tseu* est perdu. Les fragments subsistants en ont été réunis à deux reprises, en deux chapitres, dans le *Wen king t'ang ts'ong chou* de 1797, et dans le 十種俠書 *Che tchong yi chou* de 1834; nous ne possédons malheureusement à Paris ni l'un ni l'autre. Je ne pense pas d'ailleurs que le présent passage se trouve soit dans l'édition de 1797, soit dans celle de 1834, ou tout au moins qu'il s'y trouve d'après l'ouvrage de Houei-lin; cet ouvrage en effet n'a été conservé que par le *Tripiṭaka* de Corée, et les savants de 1797 et de 1834 n'ont pas dû le connaître. Je ne retrouve pas pour l'instant le passage de *Tchouang tseu* que Sseu-ma Piao a pu commenter ici, et je doute que le mot 舶 *po* se rencontre dans le texte même de *Tchouang tseu*, au iv° siècle avant notre ère.

[3] Le *Kouang ya* a été composé vers 230 par 張揖 Tchang Yi. Ce lexique par catégories est réimprimé entre autres dans le *Han wei ts'ong chou*, mais il faut surtout le consulter dans l'édition copieusement commentée qu'en a donnée 王念孫 Wang Nien-souen (1744-1832), et qui se trouve aussi bien en édition indépendante que dans les chapitres 667 à 676 du *Houang ts'ing king kiai*. On a en outre un 廣雅補疏 *Kouang ya pou chou* en 4 chapitres, dû à M. 王樹枏 Wang Chou-nan et édité par lui-même en 1890. Le mot 舶 est bien cité dans le *Kouang ya*, section 釋水 *Che-chouei* (chap. 675 下, fol. 19 v° de l'éd. xylogr. du *Houang ts'ing king kiai*), mais seulement au cours d'une énumération de navires variés, et sans l'explication que Houei-lin attribue au *Kouang ya*. Tout le commentaire de Wang Nien-souen sur cette liste de noms est à lire (mais Wang Nien-souen n'a pas connu l'ouvrage de Houei-lin). Vers 650, Hiuan-ying, dans le passage que j'ai indiqué plus haut (爲, VI, fol. 2 r°), invoquait pour 舶 *po* le 埤倉 *P'i ts'ang* (œuvre perdue de Tchang Yi) et le 通俗文 *T'ong sou wen* (œuvre perdue de 服虔 Fou k'ien, fin du ii° siècle), mais non le *Kouang ya*. Enfin celui de nous qui s'attaquera à l'ancienne terminologie navale chinoise devra consulter aussi le 釋舟 *Che tcheou* en un chapitre, par 洪亮吉 Hong Leang-ki (1746-1809), accessible dans la section 卷施閣文集 *Kiuan che ko wen tsi* de ses œuvres complètes.

[4] Il y a sûrement là une faute de texte. D'abord il serait anormal de parler de «60 pieds» et non de «6 *tchang*». En outre «60 pieds ou «6 *tchang*» feraient de 14 à 15 mètres de tirant d'eau, ce qui est absurde. Je pense qu'il faut corriger 十 *che* en 七 *ts'i*, et lire «6 à 7 pieds», encore qu'un tirant d'eau de 1 m. 50 environ paraisse peu pour ces grandes jonques de mer, même à vide.

outre les marchandises. On les appelle aussi «navires (*po*) K'ouen-louen» [1].
Les équipages qui manœuvrent ces navires sont en grande partie composés de
Kou-louen. Avec de l'écorce de noix de coco [2], [les gens] font des cordes qui

[1] Je reviendrai plus loin sur ce nom de K'ouen-louen et sur celui de Kou-louen de la phrase suivante.

[2] 椰 子 皮 *ye-tseu-p'i*. En principe, *ye-tseu-p'i* ne devrait pouvoir signifier qu'écorce de noix de coco; cependant *ye-tseu* a désigné parfois l'arbre lui-même, si bien qu'on pourrait aussi songer à traduire par «écorce de cocotier». Marco Polo dit de même (éd. Yule-Cordier, I, p. 108) que les navires du golfe Persique «have no iron fastenings, and are only stitched together with twine made from the husk of the Indian nut. They beat this husk until it becomes like horse-hair, and from that they spin twine, and with this stitch the planks of the ships together». Le procédé est aujourd'hui en voie de disparition dans le golfe Persique (cf. Yule-Cordier, *ibid.*, I. p. 117); le voilà du moins attesté pour l'océan Indien et décrit par un Chinois près de cinq siècles avant le grand voyageur vénitien. Ces navires assemblés sans clous, au moyen de cordes, sont également signalés au Moyen Âge par Jean de Monte-Corvino, Jourdain Catala, Odoric de Pordenone. Yule a parlé de «husk», c'est-à-dire de l'écorce de la noix, non de celle de l'arbre, et il a rendu aussi hypothétiquement par «husk» l'obscur *resti* de Monte-Corvino (*Cathay*, III, 67). Le texte français de la Société de Géographie (p. 35 : *l'escorce de les nocces d'Yndie*) et son texte latin (p. 323 : *de cortice nucum Indiae*) semblent en faveur de l'interprétation de Yule, mais non le texte de Pauthier (p. 87) qui

porte *escorces d'arbres des nois d'Inde*. Et Pauthier cite en note un texte de Chardin selon lequel les cordes sont toutes faites de l'écorce de l'arbre: il n'y est pas question des fibres qui tiennent au fruit. Il semble bien en réalité que les cordes soient faites des fibres de la noix de coco elle-même. Cf. le texte d'Ibn Jubair cité dans Ch. de La Roncière, *La découverte de l'Afrique au Moyen Âge*, Le Caire, 1925, in-4°, I, p. 65. Le nom de ces cordes en fibre de cocotier était كنبار *kanbār* ou *kinbār*, قمبار *kambār* ou *kim-bār*, ou كنبار *kinbār* (G. Ferrand, *Relations de voyages et textes géographiques*, I, p. 296); il faut encore y joindre le كنبار *kambār* de Vullers, *Lexicon persico-latinum*, II, 885; j'ignore l'étymologie du mot, qui ne doit pas être arabe d'origine. Les cordes en fibres de noix de coco sont indiquées, en 1349, comme un produit des Maldives dans le *Tao yi tche lio* (cf. Rockhill, dans *T'oung Pao*, 1915. 388, où le mot 索 *so*, «cordes», a été rattaché à tort au terme suivant, et finalement omis dans la traduction). Le 嶺 表 錄 異 *Ling piao lou yi*, qui est de *circa* 900 après J.-C., parle, à deux reprises (上 , 6 r°, et 中 . 3-4), de l'assemblage des grandes jonques du commerce d'outre-mer — pour lesquelles on n'emploie pas de clous — au moyen de cordes faites avec les longues «barbes» qui poussent à la base des feuilles du 栟 榔 *kouang-lang*, c'est-à-dire du palmier à sagou; cf. aussi *Pen ts'ao kang mou*, éd. de 1885. 31, 23-24. Cf. en outre J. Hornell, *On Indian boat designs*, dans lient ensemble [les éléments des navires], et ils calfatent avec un sirop de *ko-lan* [1] pour empêcher l'eau d'entrer. Ils n'emploient pas de clous ni de feuilles métalliques [2], de crainte que l'échauffement du fer ne produise du feu [3]. Ils construisent [les navires] en assemblant [plusieurs épaisseurs] de planches de bordage [4], car les planches sont minces et ils craignent qu'elles rompent. [Les navires?] sont longs de plusieurs *li* [5] et divisés d'avant en arrière en trois sections [6]. On hisse des voiles pour utiliser le vent; [ces navires] ne peuvent d'ailleurs se mouvoir à bras d'hommes.

Memoirs of the Asiat. Soc. of Bengal, VII (1920), 182, 197, 201, 217.

[1] Le mot mal écrit dans l'édition de Tōkyō entre *ko*, «dolichos», et *t'ang*, «sucre», et qui paraît être 籃. est inconnu sous cette forme. D'après le passage cité par M. de La Roncière (p. 65), et qui se rapporte aux procédés en usage dans la mer Rouge à la fin du xiie siècle, les bordages étaient «espalmés d'huile de ricin et étoupés de fibres de palmiers». L'huile de ricin, bien connue des Chinois sous d'autres noms, ne peut être le présent *ko-lan*. Mais le *Ling piao lou yi* (上, 6 r°), après avoir dit que les jonques du commerce d'outre-mer sont liées avec des cordes faites de fibres du palmier à sagou, ajoute : «On les enduit avec du sirop d'olive (橄欖糖 *kan-lan-t'ang*); quand ce sirop est sec, il est très solide, et, quand [le navire] entre dans l'eau, il a l'apparence du vernis (漆 *tsi*).» Au chapitre 中, fol. 6 r°, le *Ling piao lou yi* donne des détails sur la fabrication de ce *kan-lan-t'ang* et revient sur son emploi pour espalmer les jonques. C'est évidemment là aussi notre *ko-lan-t'ang*. Le *kan-lan* est l'olivier de Chine, qui est un *Canarium* et n'a pas de rapport avec l'olivier véritable; cf. LAUFER, *Sino-Iranica*, 417-419; Ch. CREVOST et Ch. LEMARIÉ, *Catal. des produits de l'Indochine*, I, 214-216. M. Laufer a déjà supposé que le nom de *kan-lan* (**kām-lām*) n'était pas chinois à l'origine; la leçon *ko-lan* vient à l'appui de cette hypothèse. Je ne puis encore déterminer le rapport éventuel de **kām-lām* (et *ko-lan*, **kāt-lām*) à annamite *trám* ou cambodgien *kramà*. Quant au sirop (*t'ang*), c'est un *damar* (cf. YULE, *Hobson-Jobson* ², 294-295).

[2] 鍱 *ye* est une variante assez tardive de 葉 *ye*, «feuille», créée et spécialisée au sens de feuille de fer ou de cuivre.

[3] Je ne sais si cette explication des navires sans fer en usage dans l'Océan Indien se retrouve ailleurs. La légende courante était qu'on n'employait pas de fer à raison des montagnes d'aimant qui arrachaient le fer des flancs des navires. Cf. l'article de R. BASSET dans la *Rev. des Trad. popul.* de 1894, p. 377-380, déjà indiqué par M. CORDIER, *Cathay* ², II, p. 114.

[4] Le mot 累 *lei* veut dire «lier ensemble», et mon addition de «plusieurs épaisseurs» est suggérée par le contexte.

[5] Ce membre de phrase est absurde, puisque le *li* a plusieurs centaines de mètres. Je n'ai pas de correction probable à proposer.

[6] Le mot 節 *tsie*, au propre «un tronçon de bambou», désigne un segment, une section. Je comprends que le texte vise le gaillard d'avant, le centre et le gaillard d'arrière.

VIII

Malgré ses obscurités, le texte précédent est précieux en ce qu'il
montre que la technique de la construction de ces grandes jonques
de mer était bien celle du golfe Persique, encore que les équipages, aux environs de l'an 800, fussent devenus principalement
malais. Ce sont en effet des Malais qui, dans notre texte, sont
désignés sous les noms de K'ouen-louen et ensuite de Kou-louen.
Je ne veux pas discuter ici le problème très complexe que pose le
nom de K'ouen-louen. J'ai procédé à un premier groupement de
textes dans le *Bulletin* de 1904 (219-222); M. Ferrand a repris la
question dans le *Journal asiatique* de 1919 ; j'aurais beaucoup à dire
sur le détail des solutions proposées, mais cela m'entraînerait très
loin. Pour l'instant, je me borne à signaler qu'une série de textes,
énumérés dans des *Notes sur quelques artistes des Six dynasties et des
T'ang* qui ont paru dans le *T'oung Pao* de 1923, montrent (p. 271-
272, 290) le terme de K'ouen-louen en usage en Chine dès le
IVe siècle pour désigner des gens à la figure noire ou au moins très
foncée; je ne crois pas qu'aucun de nous ait signalé ces textes antérieurement. D'autre part le *Yi ts'ie king yin yi* de Houei-lin,
auquel j'ai déjà emprunté le texte précédent, contient à la fin du
chapitre 81, et à propos des *Mémoires* de Yi-tsing, une note qu'il
vaut de faire connaître dès maintenant [1].

崑崙語。上音昆下音論。時俗語便亦作骨論。南海州島中
夷人也。甚黑裸形。能馴伏猛獸犀象等。種類數般。卽有僧
祇突彌骨堂閣蔑等皆鄙賤人也。國無禮義。抄却爲活。愛
噉食人如羅刹惡鬼之類也。言語不正異於諸蕃。善入水。
竟日不死。

<hr>

[1] *Tripiṭ. de Tokyo*, 爲, X, fol. 45 v.

Langue k'ouen-louen [1]. Le premier mot se prononce *k'ouen* [2]; le second se prononce *louen*. Le langage courant dit aussi actuellement *kon-louen* [3]. [Les K'ouen-louen ou Kou-louen] sont les barbares des îles des mers du Sud. Ils sont très noirs et vont nus. Ils peuvent dompter les animaux sauvages comme le rhinocéros ou l'éléphant [4]. [Ces barbares] sont de plusieurs tribus; tels les Seng-k'i [5], les T'ou-mi [6], les Kou-t'ang [7], les Ko-mie [8]. Tous sont des gens

[1] On sait que pour Yi-tsing, la langue *k'ouen-louen* est vraisemblablement le javanais. Mais quand le *Siu kao seng tchouan* parle de 1.350 ouvrages bouddhiques, tous «en écriture *k'ouen-louen*», qui furent rapportés du Champa par un général chinois en 605, on pouvait s'étonner d'une telle abondance de textes chams à cette date; d'autre part une confusion avec le sanskrit paraissait surprenante (cf. *B.É.F.E.-O.*, IV, p. 220-221). Nous devrons peut-être néanmoins nous rallier à cette dernière solution. La préface du 緣生論 *Yuan cheng louen* (Nanjiö, n° 1227; *Tripit.* de Tōkyō, 藏, III, fol. 83 v°) nous apprend en effet que cet ouvrage fut traduit en Chine en 606-607 d'après un exemplaire hindou rapporté du Champa. Il semble bien que ce soit là une des liasses «en écriture *k'ouen-louen*» provenant de la campagne de 605, et dont certaines au moins devaient donc être en sanscrit.

[2] A vrai dire, la prononciation normale serait *louen* et non *k'ouen* aussi bien pour 昆 que pour 崑: mais la prononciation aspirée est aujourd'hui plus usuelle en pékinois.

[3] C'est le même *kou-louen* que nous avons eu dans le texte précédent.

[4] L'un des textes que j'ai cités dans le *T'oung Pao* de 1923 emploie *k'ouen-louen*, sans autre explication, pour désigner le conducteur d'un lion.

[5] Sur ce nom, cf. *B.É.F.E.-O.*, IV, p. 289-291, 403.

[6] *D'uət-mjie*, ce qui suppose un original comme *Durmi; je n'ai pas souvenir d'avoir rencontré le nom ailleurs.

[7] *Kuət-d'âng*, le nom est nouveau sous cette forme. Peut-être est-il à rapprocher de 甘棠 kan-t'ang (*käm-d'âng), sur lequel cf. *B.É.F.E.-O.*, IV, p. 220; *J.-A.*, 1919, I, p. 249, mais à condition que le flottement résulte de l'impossibilité où on était de noter exactement en chinois un original *kumdaṅ ou *kubdaṅ.

[8] C'est le nom même des Khmers. J'avais rencontré déjà ce nom dans un autre passage de Houei-lin, mais écrit 閣蔑 Ko-mie (*käk-miet; cf. *B.É.F.E.-O.*, IV, 220, où la lecture Ko-mao est un lapsus), et, tout en y reconnaissant le nom des Khmers, je notais que le -k final de *ko* (*käk) faisait difficulté. J'avais depuis lors trouvé la solution, et le second texte la confirme. Les mots 閣 *ko* (*käk) et 閤 *ko* (*käp) s'emploient fréquemment en chinois l'un pour l'autre. C'est ainsi qu'on écrit toujours aujourd'hui 閣下 *ko-hia*, quand la vraie leçon serait 閤下 *ko-hia*; inversement, la caisse qui renferme mon exemplaire du 守山閣叢書 *Cheou chan ko ts'ong chou* porte, en calligraphie gravée, 閤 *ko* au lieu de 閣 *ko*. Il a été question plus haut de galeries ou passages couverts; le

vils; leurs états n'ont ni rites ni règles; ils vivent de pillage; ils se plaisent à manger de la chair humaine comme des *rākṣasa* ou des démons méchants [1]. Leur langage est incorrect et diffère de celui des autres barbares. Ils excellent à plonger dans l'eau et [y restent] un jour entier sans mourir [2].

J'arrête là ces modestes notes, dont le sujet s'est presque imposé à moi. En les rédigeant, mon esprit se reporte au temps où je m'occupais à Hanoi de ces mêmes problèmes, avec les amis qui y sont encore, et d'autres hélas! qui ne sont plus. Je ne puis me défendre d'être ému en songeant aux vingt-cinq ans que le présent volume commémore. Pour quelques instants, j'ai l'illusion que je suis redevenu membre de l'École française d'Extrême-Orient, à laquelle je dois tout.

Ts'eu yuan les appelle 閣道 *ko-tao*, mais le dictionnaire de M. Giles écrit 閤道 *ko-tao;* Watters indique les deux orthographes. Dans le cas présent, c'est sûrement 閤蔑 Ko-mie (*Kăp-miet) qui est l'orthographe correcte, et l'équivalence au nom des Khmers va bien désormais de soi.

[1] On peut aussi comprendre «comme de méchants démons *rākṣasa*».

[2] Sur les qualités de nageurs de ces gens, cf. Hirth et Rockhill, *Chau Ju-kua*, p. 31-32, et y joindre un curieux passage du *Ling piao lou yi*, 下, fol. 3 r°, qui se rapporte à la première moitié du ɪxᵉ siècle.

IMPRIMERIE
D'EXTRÊME-ORIENT
HANOI-HAIPHONG

www.ingramcontent.com/pod-product-compliance
Lightning Source LLC
LaVergne TN
LVHW012114170726
843501LV00008BC/2875